Günter Herburger
Makadam

Günter Herburger
Makadam
Gedichte

Luchterhand

© 1982 by Hermann Luchterhand Verlag
GmbH & Co KG, Darmstadt und Neuwied
Lektorat: Klaus Siblewski
Umschlaggestaltung: Kalle Giese
Herstellung: Martin Faust
Gesamtherstellung bei der
Druck- und Verlags-Gesellschaft mbH,
Darmstadt
ISBN 3-472-86551-2

INHALT

Wahrscheinlich hat er gelebt,
grausam genug war er
mit der Erfindung
seiner fürchterlichen Liebe,
aus der wir Heere, Festungen
und die Vielzahl
der Sitten gewannen,
immer wiederkehrend
im Gefolge der Fahnen.

Als Väter- und Kinderschänder
sind wir unterwegs,
befohlen von unseren Müttern,
deren Ohren groß
wie die von Elefanten
geworden sind.

Das heißere Flüstern der Gebenedeiten
dringt durch jeden Spalt,
macht sich breit auf den Gliedern,
verwirrt die Einzelheiten der Gräser
und beschlägt die Eingeweide,
bis sie uns fügsam dünken.

Der Fischesser sagte in einem
seiner feierlichen Augenblicke,
daß er uns wohl wolle
trotz eines Mißverständnisses.
Schon damals sei

die Klarheit der Griechen
verzweifelt gewesen,
denn die Wahrnehmungen und ihr Geschick
zehrten von einem Sklavenhaushalt,
dem schmutzigen Elend jenseits der Mauern,
wo fortwährend gestorben wurde,
fünfzigmal mehr
als in der Mitte der Städte.
Deshalb habe es nur
so ernst und auch froh
neue Entwürfe gegeben.

Die Liebe gleicht Ammoniak,
ein hochmütig farbloses Gas,
das sich im Tempel des Jupiters ballt
und töricht basisch verfällt
nach einem chemischen Faustschlag.

Ich weiß nicht,
ob der junge, kaum bärtige
und wenig gewaschene Mann
bei uns hätte bleiben mögen.
Er hat sich von den Narben
rechteckiger Wissenschaft gelabt,
und wir,
wir gehen auf und ab,
milliardenhaft fruchtbar geworden
wie Störche
in einem schweigenden Meer.

Seitdem wandern wir vermummt
durch das Gleißen der Gezeiten
und schauen dem Feuer

der Nachtgleiche zu,
aus der sich manchmal
ein Schatten bedient,
den wir zu erkennen glauben,
doch es kümmert ihn nicht.

Die Tränen meines letzten Kinds,
die auf halbem Weg erstarren,
klirren und zerbrechen.

In den Gemächern unserer Burg,
die wir uns gebaut haben,
herrscht Hausjustiz:
Mäntel mit Zierleisten,
unnütze Räume und Antennen,
Musiktruhen jeder Ordnung,
zuviel Essen
nebst Handschuhen aus Kunstleder
werden dem Feuer überantwortet,
nur die Kinder, die Kinder
dürfen alles begehren,
bis sie sich verletzen,
erst dann schreiten wir ein,
holen ihnen Glühwürmchen
aus dem Gesträuch
oder legen ihnen Flugasche um,
beschwörend an ihrem Bett sitzend,
das unserem gleicht.

Aber es gibt ein Verhängnis,
wenn unser Stolz
die Nähe des Monds erreicht
und die Frauen verlangen,
daß wir das Liebste opfern sollen
wie sie schon so oft.

Wir müssen auf einem Platz,
der Abflußrinnen
zu seiner Senkung hin hat,

niederknien und warten,
bis ein Hamster, eine Nacktschnecke,
gar ein taumelndes Kind
vor unseren Augen enthauptet wird,
während Brieftauben sich zeigen.
Brausend verläßt der Schwarm
den sprudelnden Ort.

Zurückgekehrt aus Siena,
gewahren wir,
daß diese Art von Gerechtigkeit
längst bestand.

Nebeneinander treibt ein Paar
bunter Bälle
mit prallen Rücken
und kleinen Rüsseln
entlang dem Rand
eines kreisrunden Bads,
angestoßen vom Wind
und dem lautlosen Gewitter
der Sonnenteilchen.

Ein Hund trabt vorbei,
trägt zwischen den Zähnen
eine blanke Rinderschulter,
geht deshalb schief und seufzt,
keine Seltenheit
für diese Form von Tier.

Im Fenster des Hauses am Berg
erscheint ein Kopf,
der dreimal schreit;
das ist meine Tochter.

Noch ist der Tag nicht vorüber.
Ein Elch hat sich zu weit
in den Süden verirrt,
bricht vor Panik durch Zäune
und prescht in ein dunkles Tunnel.
Meine Tochter neigt sich vor,
zählt laut das Krachen

und Splittern, dann
die Sirenen der Ambulanz.

Nach einer Weile
kehrt wieder Stille ein,
vergleichbar dem leisen Geräusch,
wenn eine Eidechse
ihren Schwanz verliert.
Fledermäuse verlassen vorzeitig
ihren Hort und senden Wellen aus;
ein Zwerg, mit geschulterter Hacke
unterwegs in sein Bergwerk,
schlenkert Nasentropfen ab
und pfeift einem Iltis,
der ihn überholt.

Wo aber bin ich?
Bereits tot muß ich mich
in den Ästchen und Maserungen
einer Thuja zu behaupten versuchen,
denn es herrscht Enge.
Verzweigte Verwandte und Ahnen
pochen auf Anwesenheit,
schleppen auch andere mit:
Wäscherinnen mit gekrümmten Fingern;
Fuhrleute aus Tirol;
frühreife Pfarrer, die noch rauchen;
Wöchnerinnen bei nachlassendem Fieber;
zuletzt Anglisten
und zahllose Kinder,
die im ersten Jahr starben,
wie es üblich war.

Gegen Abend wird der Wandel dichter.
Hufeisen paaren sich;
Geier wollen beschlagen werden,
da sie die Luft nicht mehr trägt;
ein Igel wälzt sich in Golddukaten;
ein Wurm, der vormals ein Drache war,
sinnt dem Holpern seiner Ringe nach,
die in ein Erdloch kriechen.

Im beleuchteten Fenster
des Hauses auf dem Berg
ist meine Tochter eingeschlafen.
Schimmernder Speichel
an Mund und Kinn beschützt sie,
als gehöre sie auch
zu dem Käferreich.

Dann fangen die beiden Bälle
in dem runden Kinderbad
wieder zu kreisen an,
zwei einsame, kleine Wale
mit Wimpeln auf der Haut,
während ein Zitronenfalter
sich an die unübersichtliche
Tränke wagt und zu schwitzen beginnt,
winzige Tröpfchen dieser Nacht.

Meine Tochter nackt
in der Diele auf der Leiter,
sich klassische Kringel
auf Bauch und Schenkel malend;
meine Frau räumte
an diesem Spätsommertag,
um sich zu betäuben,
zwei Zimmer aus und wieder ein;
die Söhne stellten Lautsprecher auf,
beschäftigt stumm wie Mönche
in Andacht neuer Gebete;
unsere Mütter saugten unentwegt
die Wohnung leer,
als gelte es ihr Leben;
nur ich trank Bier
als hätte ich ebenfalls
zuviel zu tun.

Plötzlich war
keine Luft mehr da,
nur im Hof schwang sich
eine gelbe Spielzeugeisenbahn
durch die Bäume,
Tausende von Tauben
schossen hernieder
und schufen einen Kalvarienberg,
der schnell zu verwesen begann;
aus der nahen Bäckerei

kroch die Belegschaft
durch verendendes Mehl.

Doch wir vermochten
allmählich zu fliegen,
Ruinen und Staustufen
unter uns lassend,
aus denen Termiten ihre Fühler
und blinden Antlitze reckten,
nach Opfern suchend
inmitten des Schutts.

In einem geschlossenen Verband
strebten wir davon,
Kondensstreifen zerflossen am Himmel,
letzte Reste des Vertrauens
und der Bereicherung.

Ich habe mir einen kleinen Schwan
aus Porzellan gekauft
mit Kugelkopfgrün darin,
das sich,
je nach Licht,
vergißt und neigt,
dann wieder gedeiht.

Meine Tochter
wachte seufzend auf.
Sie habe gut geschlafen,
sagte sie.

Wir wuschen uns,
nur die bunten Spangen
für ihr langes Haar
bereiteten noch Sorgen.
Ich werde es nie lernen,
Pracht in Einklang zu bringen.

Nun geht sie
hinunter auf der Treppe,
deren letzte Stufen
sie begrüßt.
Sie kann sie jetzt
meistern.

Draußen umwandert sie
frische Hundewürste
und will Beifall,
daß sie so viel gelernt hat.
Ich schaue ihr nach,
bevor ich mich
umzubringen vermag,
Petroleum trinkend
oder einen ganzen Mantel essend
oder die Stücke der Glastür benützend,
durch die ich sah.

Meine Frau,
kaum mehr zu sehen
auf den Klippen am Meer,
und junge Robben schwammen
und tauchten um sie her,
darunter unsere Tochter,
dann die Söhne,
die seit geraumer Zeit
andere Formen angenommen hatten
mit dünnen Schnautzhaaren
und schwarzen Fellen,
ohne daß es aufgefallen wäre.

Bei Kindern darf sich
viel verändern,
wie man immer hofft.

Ein ins Salzwasser
verirrtes Flußpferd schrie.
In seinem offenen Maul
saßen noch Schwalben und Möwen,
Reste essend, bevor
das tonnenschwere Tier
wieder unterging.

Merkwürdigerweise
war ich nicht gerührt, nicht geängstigt,
da meine Mutter
und meine Schwiegermutter

ebenfalls hinzukamen,
zwei Bachstelzen,
die stetig größer wurden
und geziemend
vor der glühenden Scheibe der Sonne,
die allmählich versank,
sich mehrmals verneigten,
als auch sie Platz fanden
inmitten des Gewölks.

Väter oder Großväter
gab es nicht auf irgendeine Art;
damit blieb der Blick frei
in die Geschichte.

Auf meiner Schaukel
flog ich dahin
ohne Pflichten und Sorgen.
Im Rücken türmte sich noch
die Wärme der Städte;
irgendwo erstickte ein Bach
an seinem Schaum;
ein Bauer schnalzte sehnsüchtig
seinen Schweinen nach
und begann zu weinen;
Gehöfte und Gebirge brachen ab
und entblößten die Tolldreistigkeit
der wehen Säume,
die wir liebgewannen.

Schließlich wurde ich auch mutig
und rannte in die See,
dort leibhaftig vorhanden

mit herausquellenden Augen
und einem Gehör,
in dem Pinguine und Wale
sich zuflüsterten
aus den Weiten des Meers.

Die Kinder,
mit Bärten und Fellen,
sie begleiteten uns
und vermehrten sich
wie dort üblich
ohne Scheu.

Das Orgelspielen habe ihn
sein Onkel gelehrt,
der ihm bei Fehlern
mit einem Lineal
auf die Finger schlug,
unnachgiebig.

Jener sei im Urwald
berühmt geworden
als Arzt und Patriarch,
schon ein wenig hastig,
weil die Einheimischen
seinen Befehlen
nicht immer gehorchten.

Seine Frau hasse es,
sagte das Männlein.
Seinen Töchtern zahle es
nutzlose Studien für Musik,
sein bester Freund,
zuletzt Katholik,
habe noch ein Buch geschrieben,
das nicht lesbar sei.

Jetzt fahre es mit mir
über die Grenze
ohne Licht und Heizung;
ausgefallen, Gott sei Dank.

Wir zogen die Sitze aus,
schlossen die Vorhänge
und legten uns hintereinander,
der kleine, dürre Mann
und ich, beide
bedeckt von Mänteln,
deren Ränder wir
unter uns stopften,
da es zog.

Ich hatte endlich
eine Ecke der Heimat erreicht,
während das Männlein
mit seinem lauten Herz
und dem stolpernden Schleim
seiner Lungen kämpfte.

Ich habe es nie mehr wiedergesehen;
irgendwann las ich,
man habe es
in der Eisenbahn gefunden,
völlig tot
mit seiner Aktentasche
vor der Brust,
unterwegs zum Mittelmeer.

Kindlein bewegte sich so dumm,
stand an der Kurve,
wurde flach und brannte,
wir rannten nach.

Auch den Fahrer
haben wir begraben,
jedes Jahr kommen wir wieder
in den Hain,
wo sie in den Wänden liegen
mit Kerzen und Blumen davor,
dort oben gibt es kaum mehr Platz,
doch sie sind daheim.

Zuerst reisten wir
nur im Sommer hierher,
dann auch im Winter,
jetzt bleiben wir,
essen von der Straße Öl,
pflücken Feigen von den Bäumen,
die übriggelassen worden sind,
kämmen uns die wirren Haare
und denken an das Kind,
dem wir ein Flämmchen gaben.

Der Mond geht auf,
jahrelang haben wir uns geschlagen,
waren in alle Richtungen verbannt,
nun sind wir stolz,

ruhen beisammen,
schlecken noch ein wenig Mayonnaise
aus dem Blütenstaub der Pinien,
laufen Berge hinauf und hinab,
ein uraltes Paar,
von dessen Kind
niemand mehr weiß,
nur noch wir,
wenn wir jeden Morgen
trotz Regen oder Wind
an seinem Grab stehen,
ein Knöchlein herausholen,
daran riechen, froh,
daß wir noch etwas haben,
dessen letzter Teil wir sind.

Inzwischen schmutzig geworden
geht er mit seinem grauen Zopf
durch die Felder,
klopft den Kühen auf die Flanke,
ißt Wegerich und Sauerampfer,
gräbt einen Maulwurf aus,
dessen Blut er trinkt,
reißt,
wenn er keinen Durchgang findet,
den nächsten Zaun ein,
dann kehrt er zurück
in sein Stallgebäude,
wo Hühner zeternd
auf den Betten sitzen,
da das Fernsehgerät nicht läuft,
und alte Meister
an den Wänden hängen,
bekränzt von Eichenlaub.

Wenn er krank wird,
was auch geschieht,
läßt er sich
in die nächste Klinik fahren,
verlangt jedoch nach Heusamen
und nach einer zweifelhaften Hexe.
Die jüngsten Mediziner,
sie verstehen ihn.

Wieder daheim,
veranstaltet er ein Fest,
lädt seine Kinder ein,
die Frauen,
die er begehrte und jene,
die ihm mißtrauten,
möchte alle Verwandten,
vor allem die Knaben und Mädchen
aus den ersten Jahren,
als er in die Volksschule ging,
um sich scharen,
doch niemand kommt.

Er bewirft den Mond mit Stroh,
ißt Kerzenwachs,
prügelt einen gelehrten Pfau
aus dem Haus,
trinkt Jauche
und wenn er dann noch
Kraft hat,
schichtet er am nächsten Morgen
seinen Zopf neu,
von dem er glaubt,
daß er ihm Richtung gibt.

So möchte er sein,
sich anstrengend,
den Pfad nicht zu verfehlen
voll Furcht vor dem Tod,
den er haßt,
dem er aber auch
genügend Sehnsucht leiht.

Scheinbar kostbar wird wieder
unser reiches Land
ohne Fahrpläne und Autobahnen,
wie wir schon einmal im Zustand
von Trapezkünstlern
und Kartoffelessern waren.
Niemand beichtete mehr,
alle hatten nur dasselbe Verlangen
auf Jagd nach Tabak
und Butterflöckchen,
beginnend im Januar,
der damals sehr kalt war,
und die wenigen Kühe
wurden mit der Hand gemolken.

Schauspieler blieben unsichtbar,
Wissenschaftler schnitzten Löffel,
in deren Griffe ein paar Damen
die Gesetze der Kunstseide
und des Flugsamens einbrannten.

Viele Fabriken standen leer,
nur der Regen, der Regen,
diese weiche Masse,
Wiesen und Häuser bedeckend,
breitete sich aus,
an den Maschinen hochkriechend
und das Fett der Gelenke ausleckend,
dann Stufe um Stufe weiter

hinauf in die Büros,
wo das Papier
sich selbst verbog.

Eltern und Fischreiher
vermochten sich kaum mehr
in der nebligen Luft zu halten;
Söhne küßten alte Frauen auf den Mund
und ließen erst los,
wenn sie bluteten.
Diese Wunden sahen aus,
als seien Rohre
aus kleinen Schlachtschiffen
gerissen worden.

Nun, liebe Mütter, stelzt davon
in den Wäldern und Savannen,
wenn die abessinischen Läuferinnen,
da es weder Post noch Bahn gibt,
euch überholen,
gefiedert von Botschaften,
die wie Baumwolle
von den durchstochenen
Brust- und Rückenmuskeln wehen.

Nichts wissen wir,
was auf den Zetteln stünde,
Gewissensbisse oder Futterzeichen,
nur die neuen Nonnen
sind unerbittlich unterwegs.

Wir haben einen Baum daheim,
drei Meter hoch und grün,
das Dach des Hauses wackelt schon,
das Christkind turnt am Fernsehmast
und schaut uns an,
ob wir zufrieden sind.

Schnee, Schnee,
ohne ihn
täte Weihnachten weh,
fiele ins Wasser
wie ein Stein ins Meer.

Ein Esel kommt zur Tür herein
und verlangt nach Heu,
ein Hase zieht die Stiefel aus
und legt sich auf das Kanapee,
Marie und Joseph sitzen hin
und singen mit uns leis.

Schnee, Schnee,
ohne ihn
täte Weihnachten weh,
fiele ins Wasser
wie ein Stein ins Meer.

Das Kindlein hat sich naß gemacht,
braucht Windeln um den Bauch,
wir laufen durch die ganze Stadt

und kaufen alten Möhrensaft,
der noch stopft in dieser Nacht,
wir mögen ihn nun auch.

Schnee, Schnee,
ohne ihn
täte Weihnachten weh,
fiele ins Wasser
wie ein Stein ins Meer.

Ein Vogel wartet an der Tür,
ist krank und matt, braucht Trost,
Soldaten schieben ihn herein
und legen ihre Waffen ab,
im Heimatland Vergißmeinnicht
braucht jeder starken Most.

Schnee, Schnee,
ohne ihn
täte Weihnachten weh,
fiele ins Wasser
wie ein Stein ins Meer.

Acht Löchlein hat die Flöte,
zehn Finger hat die Hand,
die Kerzen brennen sacht herab,
es tropft und zischt,
die Angst erlischt,
wir bleiben in dem Land.

Schnee, Schnee,
ohne ihn
täte Weihnachten weh,

fiele ins Wasser
wie ein Stein ins Meer.

Weihnachten sind wir alle gleich,
danach nicht mehr so sehr,
wir gehen trotzdem um den Baum
und essen bitteren Mandelklee,
als seien wir schon Riesen,
vergrößert immer mehr.

Schnee, Schnee,
ohne ihn
täte Weihnachten weh,
fiele ins Wasser
wie ein Stein ins Meer.

Spinnen kommen,
Spinnen vom Fluß,
den niemand mehr kennt,
er hat zu wenig Wasser.

Violette Weibchen
verschlingen ihre Männer,
die in den Fäden
hängen blieben.

Hornissen speien das Gewölk
heftig grauer Asche aus,
mit der sie Türme bauen,
und schutzlose Raupen
ziehen Reste in den Boden,
wo sie für immer bleiben
als unsichtbare Schmetterlinge.

Im Dunst
falten sich die Kolonnaden
eines weißen Tempels
zu einer Harmonika,
lautlos prasseln Heidelbeeren
in den Schmelz.

Eine Blindschleiche geht
aufrecht fürbaß,
oder ist es,

den Tupfen nach,
ein Salamander?

Mürrisch federnd
taucht das Tier
an der Hand eines Scherenschleifers,
der vorführte,
wie Zinken und Bleche
geschärft werden,
ins höhere Gehölz.

Morgen werden wir den Glanz
alter Gemälde bewundern,
ihre Sichelwagen,
Negerfürsten, bewimpelten Zelte.

Keine Angst,
so lange wir noch unsere Kinder
in Rucksäcken
daran vorbeitragen
und zu erklären versuchen.

Plötzlich,
als die Erlesensten und Kümmerlichsten
schon auf den Bäumen ritten,
die uns großmütig mitnahmen,
öffnete sich eine Bergwand
und heraus eilten,
wie aus einer Schatzkammer,
all die Kinder,
die sich vom Rand einer Kiesgrube
in die Tiefe gestürzt hatten,
wie es statthaft geworden war.

Schwierig wurde nun,
Absichten zu vereinen:
unsere Flucht mit ihrer Tat;
den überquellend schönen Schein
mit der Erde,
die nicht mehr standhielt;
die sterbenden Tiere
mit dem Überlebenswillen;
das Ächzen der Kristalle
mit der verächtlichen Stille;
die Ströme mit dem Licht;
das Wasser mit sich selbst,
nachdem es verging;
das Silberpapier mit seinem Knistern;
den leisen Knall einer Wolke,
die uns noch begleitete,
mit dem Ende der Luft.

Dann warfen uns die Bäume,
bevor sie auf der Schwelle
zu den Höhen angekommen waren,
ab und zerfielen zu Staub,
als hätte es sie oder uns
nie gegeben unter der
Glocke des Himmels,
aus der unablässig
kleine, goldene Fingerkuppen regneten,
die nie und nimmer größer wurden,
während wir, die Selbstmörder
und Optiker für Blütenstaub
zu schreien anfingen,
noch einmal nah und fern,
verdunstend und zerstampft.

Unsere Allernächsten,
gerade erwachsen geworden,
größer als wir und oft zu schwer,
dämmern, wenn sie schlafen
und das vollführen sie unmißverständlich,
als seien sie Bären im Lakenschnee,
bis weit in den Nachmittag,
lassen dann Schaumbäder ein
und legen sich später umsichtig
vor den düsteren Bildertee der Ferne,
bis sie der Hunger hochtreibt,
eine mürrische Unterbrechung,
auch für sie ist gesorgt.

Die Krümel, das Fett,
die schmutzigen Messer und Teller
verharren erhaben
an den Stellen stiller Sättigung,
und wenn wir zurückkehren,
ein wenig krumm und verdorben,
sind sie davongehuscht
umbraust von Musik,
für deren Ideen
Albinoni oder Palestrina
höchstens vier Takte verbrauchten.

Sie sind keine Gegner
oder Verweigerer aus Wut.
Ihre indolente Sanftmut,

gepaart mit Vorsicht
und luzider Bequemlichkeit,
macht sie zwar angreifbar,
doch wenn wir mit ihnen sprechen,
schweigen sie,
und bei Ringkämpfen kleben sie
bald an der Wand.

Auch Geschrei,
von uns entfacht,
scheint sie nicht zu stören,
falls neue Erbitterung einsetzt,
weil wieder alles Papier fehlt
oder die fahle Leere des Brotkastens
frühmorgens glänzt,
so sie erst zurückkehren
aus unterirdischem Samt,
wo der Traum des Lebens
einer mühelos abgeworfenen
Schlangenhaut glich.

Sie senken den Kopf,
scharren mit den Füßen,
überantworten uns federleicht
verschwitzte Kleider
und gehen zu Bett,
zurück ins eigene Öl.
Noch eins ist wichtig:
Sie wissen wenig,
ahnen aber oder fürchten,
während sie sich wieder verkriechen,
daß sie Gebote oder Verweise,
die sie untertunneln möchten,

nie zu stören vermögen,
sondern eines Tages
dastehen werden
und mit tiefen Wunden,
die sie schon hatten, bedeckt,
ohne sich wehren zu können,
es sei denn, sie beginnen
auf Befehl zu marschieren,
froh, daß andere an ihrem Elend
schuldig sind,
zum Beispiel wir.

Wären wir mutiger geworden
ohne unsere Vorfahren,
deren Kinder meist
im Frühjahr starben,
wenn der Lehmboden
in den Hütten nicht mehr
dem Sumpf standhielt
und die Beulen
in der beginnenden Wärme
aufbrachen?

Die Türangeln waren aus Lederriemen;
die Türme der Schlösser
in den Ebenen
gehörten den Termiten,
die alles Holz,
jedes Flechtwerk
mit ihrem Speichel
und mit Erde bedeckten,
vorbereitende Chemie
für späteren Verzehr.

Einzigartigerweise
gehören wir immer noch dazu,
wenn auch erst jetzt
aus nicht mehr befahrenen Rollbahnen
Bündel von Löwenzahn und Fingerhut brechen,
Blumen der Zuversicht.

Hinter den Wällen gegen Lärm
jagen noch Flüchtlinge dahin
bis zum Ural,
wo Plattenhäuser
auf Pfählen stehen.
Sonst gibt es nichts,
außer Hochzeitsameisen,
die nur eine Nacht
zu fliegen vermögen
und gut schmecken,
vollgestopft mit
Spurenelementen, Eiweiß und Fett.
Die Qual des Wählens
hat ein Ende.

Nun gehen wir über Flüsse,
die vereiste Straßen geworden sind,
schauen uns Wandernden zu,
die wir schon waren,
träumen nachts in einer Sprache,
deren Laute bekannt zu sein scheinen
wie einst das Knirschen
der Ochsen im Geschirr.

Morgens,
wenn wir aus dem Fenster blicken,
scheint er sich gerade aufzulösen
vor der Sonne;
mittags,
so es in der Ferne donnert,
ducken wir uns und betreten leise
einen nahen Schatten;
nachts,
versuchen wir zu schweigen
und hören den Gesprächen zu
wie er, der sich jetzt einschloß.

Viele Jahre währte es,
bevor er begann,
kaum Zeit, die Finger zu bewegen
oder in Erdteilen zu blättern,
als gäbe es noch Riesen,
die anderen Maßen unterworfen sind,
obgleich er in seiner Eltern Haus
mehrzählige Mäuse pflegte
im Brutofen des Hammerklaviers;
dann verabschiedete er sich
und erstieg Gebirge,
bei Wettkämpfen durchschwamm er Flüsse,
Propeller von Düngerflugzeugen
verwechselte er mit Lesezeichen,
in die er unbeschadet griff;
schließlich fing er zu reiten an

über die endlosen Savannen
von Armut und Sprachen,
durch das Gestrüpp der Altersflecken,
zerstörter Gedecke und Plagen,
bis sich die Tür auftat und er,
heimgekehrt, sich endlich
niedersetzen konnte an der Schulter
der Vergangenheit, deren Wärme
nicht verhüllte, sondern brannte.

So soll es sein,
wenn die frühen Grausamkeiten
in unserem von schlechtem Gewissen
tief versenktem Land
allmählich wieder keimen,
denn da es kaum mehr Väter gibt,
müssen wir unsere eigenen werden wie er,
der nun aus dem Fenster blickt
und jedes Jahr die Blätter zählt
des kostbaren Baums im Hof,
ihr Wachsen, Winken und Verfallen,
während er, der fleißig gewordene Chronist,
seine Ungeduld zähmt und langsam
unhörbare Noten korrigiert,
Risse in der Luft offen läßt
und immer mehr an Kraft gewinnt,
um Verluste zu teilen.

Sie werden Nägel einschlagen
und ihre Kinder daran aufhängen,
damit sie rein bleiben,
plappernde Kadaver
in hellen Räumen
und schnurgeraden Wäldern.

Sie werden sich bemühen,
den Steinen immer
gewöhnlichere Formen zu geben
und die Böschungen mit den
Leitplanken zu vereinigen,
ein einziger See
ohne Regungen und Hagelschauer.

Und wenn ihre Rechtschaffenheit
höchste Grade errungen haben wird,
werden sie mit ihren Mähdreschern
und sonnenbeschienenen Luftkissen
zu den Sternen aufbrechen,
wo es einen alten Mann geben soll,
der nie eine Frau hatte,
und endlich wäre das Ziel erreicht.

Die Welt ist nicht zu zeigen
wie sie sein müßte
in ihrer schlüpfrigen Genügsamkeit.

Es scheint das Üben
mehr zu gelten,
als daß wir uns
zwischen den Zäunen
zurechtfänden.

Die schwarz gewordenen Sterne
spalten sich,
ein Rauschen
in der geöffneten Brust.

Selbst Frauen und Kinder
sind ängstlicher geworden,
gleichen allmählich dem Schweiß
und den Meterkilogrammen
am Hals der Väter.

Zuletzt Bekenntnisse,
bevor der Schreck vereist
und Kamine auf den Dächern
wir wiederum
hochzuziehen versuchen,
triefend vor Begeisterung.

I.

Sein Gesicht war,
als er sprach,
schon nicht mehr da.
Er besaß nur noch
einen Lungenflügel,
der andere lag
in einem dicken Glas,
wurde schwärzer und größer.

Als er weitersprach,
rückte er bis zum Rand,
doch in seinen Mundwinkeln
zeigten sich noch die alten,
rechtwinkligen Klammern
oder längst verzehrten Reste
seiner Heimat,
wo der Kohlenruß
aus seinen Büchern
an das Fenster klopfte
und die Freunde nach einer
Bahnhofswirtschaft verlangten,
nachdem sie gleich Schwärmern
durch verdorrtes Gras am Hang
gewatet waren
die ganze Nacht.

Einmal trug er mich
im Gebirge,
als ich vor Unrast und Beredsamkeit
schon fast ohnmächtig war,
auf dem Rücken zur Straße.

Ich glaube,
er konnte dann
einen ganzen Tisch hochstemmen,
ohne daß die Gläser fielen,
stetig bis
zum letzten Ampellicht.

Noch lebte er,
saß auf einem Sofa
und sprach,
aber ich hatte
kein Zutrauen mehr.

Seine Augen waren kleiner geworden,
seine Lippen zogen sich über die Zähne,
es war, als holten sie nur noch Kraft
aus der Stirn,
von zu weit oben.

Ich hatte Angst
und erhöhte die Anzahl
der Armbeugen und Kilometer
meines Programms bergauf,
bis irgend etwas splittern mochte,
was wieder beschwichtigte.
Ich verachtete den
in allen Fasern noch festgezurrten

Frieden, dessen Kreischen
schon zu hören war.

Ach, flüsterten die Vögel,
die auf ihrer Winterfahrt
noch einmal bei uns
Station gemacht hatten,
um sich zu wärmen.

Ich beschwor,
wenn er stirbt,
muß ich neunzig werden,
wenigstens das soll geschehen,
solange Wut, Trauer und Ehre
sich noch nicht
gegenseitig vernichtet haben,
wie stets bald.

II.

Jetzt ist er tot.
Seit Jahren stürzte er
unaufhaltsam nach innen,
zwar noch um Raum kämpfend,
doch wenn er
ein Stückchen erobert hatte,
mißtraute er der Luft,
die Labsal hätte bleiben können.

Das letzte Mal
saßen wir auf einer Bank
vor dem Zoo von Berlin.
Hinter uns spreizten Giraffen
ihre gefährdeten Beine,

Affen zeigten ihre purpurnen Hinterteile
und zierten sich nicht,
und in den Aquarien
beschwerten sich
melancholisch auf dem Kopf stehende
Krokodile und durchsichtige Fische
mit Steinen,
und ein Hilfsarbeiter,
der alle füttern sollte,
zog sich aus,
ging willig mit unter.

Wir machten uns
darauf aufmerksam
und weinten ein wenig zusammen.

Ich wollte ihn überreden,
ein Sammler zu werden,
Verheißungen zu begrüßen
und nicht,
wie er es tat,
die grausamen Waffen
zu leugnen oder sie gar
gegen sich selbst zu kehren.

Umsonst, sagte er,
die Hoffnung sei ein Schlitten
in grünem Gras,
ohne Räder, ohne Tränen
inmitten welker Nässe.

Inzwischen wurde entschieden.
Er lebt nicht mehr,
starb, sich wehrend,
hilflos wie ein Kind.
Die Feinde, die Freunde
nicht mehr dieselben sind.

Als es im Regen
nur noch schlammige Wege gab
und in den Zimmern
die Kerzen unerträglich langsam brannten,
als seien uns die Lider abgeschnitten worden . . .

Die, die zu singen verstanden,
verneigten sich unter Tränen;
die, die noch ein Schwein oder eine Kuh besaßen,
fürchteten sich vor dem nächsten Tag;
wer bei den Vorstellungen
der kleinen Hoftheater
nicht applaudierte,
konnte festgenommen werden;
und jene, die noch Briefe schrieben,
fühlten sich verschlungen
von der Wildheit der Natur.

Der Beginn des Sterbens
war entweder schamhaft oder sehr stolz
mit Chorälen oder lasterhaften
Verwünschungen gegen Gott im Topf,
daß manchmal sichtbar Buchstaben
auf die Lippen traten,
während wir
vom letzten gedeckten Tisch
nahe des Sees
zwei Gabeln mitnahmen
und gingen ins Gehölz.

51

Und nun, leben Sie wohl,
sagten wir,
wissend, daß die,
die uns fänden,
zunächst uns die Schuhe ausziehen
und die Haare abschneiden würden,
bevor sie unseren Tod meldeten.

Laub regnete herab
und blieb auf den Gesichtern liegen;
die Zeit der uferlosen Straßen
war zu Ende bis jetzt . . .

Auf dem Hügel am Ende
ehemaliger Kampfstätten
liegen
mit den Köpfen nach unten
Reihe um Reihe
die Schwaden gemähten Gras',
gelb geworden,
als gebe es für Wachstum
nur noch Mörtel und Staub,
aus denen zuletzt
die Schnäbel von Tauben stieben,
Gefräßigkeiten,
bevor sich die Kinder
gleich hüpfenden Pfennigen
hoch an Händen halten
im Anblick der Zerstörung.

In Bahnen verblassen die Breiten,
und eine Kutsche wird
auf ihrem Weg
zu einem kleinen, weißen Stern,
Milliarden Tonnen schwer,
um sich der Einkäufer
für Futter zu erwehren,
bis auch diese Entscheidung
zu Asche geworden ist.

Bei den Wäldern und Seen
läßt der Tanz nach,
ein vielstimmiges Konzert,
und der Gruß der Rinder,
unvergeßliche Musik,
gilt den Bergen.

Der Vorhang lechzt nach Wind;
ein einzeln gewordenes Huhn
weiß nicht mehr,
daß es das Letzte ist;
ein blindes Kind
patscht auf seine Schenkel,
aus denen Blut rinnt,
sucht nach Süße und verteilt sie
großmütig sogleich
über Brust und Gesicht.

Wer sich hingibt,
soll sich des Gewichts
der tödlichen Massen
unentwegt versichern.

In der Wanne
Frau, Mann und Kind,
als gebe es noch immer
warmes Wasser.

Die Haare, der Speichel
und andere Geschosse auf Wanderung
bleiben spornstreichs hängen
im Getümmel.

Meine Tochter sagt,
da wir noch einmal
zusammengekommen sind,
sie schmecke gelbes Eis.

Soll ich nun untertauchen
und dort bleiben
oder die Köpfe derer,
die ich überaus begehre,
auch niederzwingen,
damit kein Leid mehr entsteht?

Im Griechenland,
wo wir nie waren,
bedeutete das Feuer des Schicksals,
daß es endgültig sei.

Töricht,
sich dieses Kampfs von Fleiß
zu bemächtigen,
als seien wir Sklaven
der Teerschichten,
unter denen Unkraut
und andere Wurzelhälften
noch in Marsch begriffen sind.

Im Bad dort
haben wir entdeckt,
daß endgültige Monturen
sich verstellen können,
die der Moose und des Schorfs.

Wir bleiben im stehenden,
drängenden Wasser vorhanden,
Hochzeitskutschen
einer gefährdeten Physik.

Die Flüsse,
sie vermehren sich;
die Kinder legen ohne Rücksicht
ihre Köpfe zurecht,
keine Vergeudung
soll mehr geschehen,
ihre Butterbrezeln,
die sie erobert haben,
als sich vermehrende Wetter
uns am Himmel näherbringend;
das Tosen im All
schlüpft in seinen Schuh;
die Geschwindigkeiten der Fingerspitzen

beschränken sich auf die Umarmungen
der im Kreis aus-
und einatmenden Kinder.

Jetzt schmeichelt er wieder,
hat in einem Jahr
zweihundert Gabeln geschnitzt,
manchmal, laut Regeln,
mehrere pro Tag,
dann wieder scherte er
finster aus,
ein Oberlehrer, der sich frühzeitig
pensionieren ließ
aus Zaghaftigkeit und Phantasie.

Sagt,
er rauche noch mehr
als seine Väter,
nehme Tabletten, Tinkturen und Federn
täglich im Anblick des Vorgangs,
bevor er sich in der Fremde
zwischen Hocker und Bett entscheide,
die er unablässig
auf eine artistisch verzweifelte Weise
umzustellen verstehe,
olivgrün ohne Schiefer.

Betäubend höflich,
schwitzend und schwer bekleidet,
sein Mäppchen unter dem Arm,
das noch nach Schule riecht,
stapft er weiter,
haarsträubend mutig.

Beflissen sein Verschwinden
unnachsichtig vorbereitend
und wunderbar zappelnd ohne Halt,
wird er, je älter
desto besser in Kiemen und Flossen,
ein sterbender Lachs,
der noch einmal im Bach
sich von Stufe zu Stufe
vorwärtsschnellt.

Wenn er wieder
aus seinem inzwischen
fertiggestellten Häuschen
am Beginn seiner Heimatstadt,
das für ihn die letzte Burg war,
weggehen muß,
nachdem er Kunstschreiner,
Zeichner für Abwässer,
und Altenpfleger geworden ist,
jeden Morgen die Hosen
in der Männerabteilung
eines privat betriebenen Heims
ausräumend, die besonders
an Feiertagen voll sind,
da doch noch ein wenig Besuch kam
vor dem erhofften Schluß,
Schaumwein bringend und frische Bohnen,
die er dann wieder
unter der Dusche entfernt
ohne Rücksicht auf die Kleider
in Gedanken
an sein noch nicht bezahltes Haus
am Rande seiner Existenz . . .

So möchte er nicht mehr leben,
sagt er,
doch tut es
trotz Hitze oder Schnee,
jeweils mit prallen

oder wenig aufgepumpten Reifen,
damit sie auch auf Eis haften,
zu seinem Arbeitsort radelnd,
mein nur ein Jahr jüngerer Bruder,
von dem unsere Mutter erzählte,
er sei aus dem Stubenwagen
mehrmals auf den Kopf gefallen,
bevor er an meiner Hand
in den Kindergarten ging.

Freunde hat er keine
aber einmal war er verheiratet,
weil er skifahren konnte
zur damaligen Begeisterung
seiner deutschen Frau.

Inzwischen ist er geschieden,
nur noch seine Tochter
kommt manchmal zu ihm,
während er den Rasen mäht
oder in einem selbstgemauerten Ofen,
der aussieht wie ein Krematorium,
für sie Würstchen brät,
die sie nicht ißt.

Meinem Bruder,
der nie gelernt hat
mit mir, dem Älteren, zu sprechen,
kaufe ich Dachplatten und Grassamen
für sein Grönlandhaus,
in dem zwei türkische Familien
zur Miete wohnen,
die frühmorgens und abends

auf kleinen Teppichen beten
und seine Katzen verwöhnen,
während wir,
im Anblick seiner einsamen Zerstörung,
die Tapeten im Wohnzimmer
wieder aufkleben,
ein stetig heller werdendes Gelaß
voll Sonne und gräßlichem Mut.

Er, der alles,
was er nicht versteht,
in seinen teuren Lehrbüchern
mit dem Lineal unterstreicht,
als helfe Magie,
wenn irgend jemand über ihn lacht,
desto eher fange ich voll Zorn
über die Stoppeln, den Kies
wieder barfuß zu laufen an,
meinen kleinen Bruder an der Hand,
bergauf zu unserem Kindergarten
am Rande des verwaisten Lands.

Umrundend noch mehr
und heftiger auf Vorteile bedacht
verfolgen wir bei jedem Schritt
alle Beteiligten,
die unterwegs sind.

Gleich Menschen,
die, heißt es,
auch Aas schätzen,
regeln wir den Verkehr,
vor Sehnsucht und Genugtuung
über kleine Körper gebeugt,
die zu entwischen drohen.

Mitten auf der Straße
halten wir Einkehr,
erbost von Angst,
doch auch bemüht,
daß das ganze Konzert und Geschiebe
uns gilt,
nun triumphierend
ein Kindlein am Schopf
im Regen über die Schwelle geleitend.

Dann
brechen wir wieder auf
und beginnen erneut
zu rufen.

In fremden Pluderhosen
donnert eine Art Weltall herab,
dessen Begrenzungen
sogleich wieder im Nebel verglühen.
Weiße Hirsche schreiten einher,
mit ihren Geweihen
sich verächtlich hin- und herwiegend,
als wüßten sie,
daß wir für sie und die Anwesenden,
außer den Gebirgen,
immer wieder nur Schlächter sind.

Zurückgekehrt
aus den vielen Jahren der Emigration,
die sie nie zum Verstummen brachte,
besang sie,
nachdem sie den Nationalpreis
erhalten hatte,
im überfüllten Stadion,
in das später Gefangene getrieben wurden,
die Salpeterarbeiter von Lübeck,
die Kupfermineure von Norddeich,
die Weinköniginnen von der Pfalz,
die Matrosen vom Bodensee,
die Milchmädchen aus dem Allgäu,
und den Kindern,
die zusammen mit ihren Eltern
gekommen waren,
sagte sie,
da sie ihnen keine Sterne schenken könne,
gebe sie jedem einen Kuß.
Außerdem vertraue sie dem Heer,
den Streitkräften des Landes,
denen auf der Erde,
auf dem Meer
und denen in der Luft
die in gewaltigen Farben
eine glorreiche Tradition vorwärtstrügen.

Ein Jahr später war sie tot,
nicht gestorben an Krebs,
sondern aus Gram und Zorn,
während noch vereinzelt Steine
aus dem Palais
der Gemeinsamkeit fielen,
hinein in das blutige Lächeln
der scheinheiligen Giebel.

Dieser Zustand
dauert immer noch
trotz der geehrten Toten und Gefolterten,
und wir sehen,
während die Alte
zu Grabe getragen wird,
wie Eltern und Kinder
mit Fäusten, Blumensträußen
und leeren Händen
gegen den Sarg schlagen.
Ähnliches geschah
seither nicht mehr,
doch eines Tags
wird diese Menge wiederkehren,
versammelt und gereizt.

Der Büffel,
der in die Stadt gekommen ist,
pflügt den Verkehr,
achtet jedoch darauf,
mich und meine Tochter,
die vor mir
auf dem eisernen Sessel sitzt,
nicht zu verletzen.

Später,
aus einem Hopfengarten kommend
und das Fahrrad schiebend,
sehen wir wieder das Vieh.
Seine Hörner ritzen
nur noch den Boden,
seine blutunterlaufenen Augen
scheinen blind,
sein zottiges Fell
dampft wie geschoren.

Wir fahren zurück
in unser Haus,
der Büffel klagt hinter uns,
mithalten zu wollen,
bunte Lämpchen an der Stirn
gleich einem türkischen Lastzug.

Wir verlassen ihn an der Tür
und sagen ihm,
er solle sich jetzt
allein verständigen.

So rast er weiter,
die letzten Trinker
der Bahnhofsmission aufgabelnd,
dann bricht er zusammen,
unser Stier,
dem alle Wut und Geduld
der Vergangenheit galt.

Ich bin der Vater meiner Mutter,
meines Bruders, meiner Kinder,
und ich war es von jenen,
die mich heirateten.

Oft trat ich wie sie auf,
erpresserisch jammernd
nach Geborgenheit suchend
inmitten der Wirksamkeiten,
die aussahen wie eine kreischend
sich drehende Trommel
ohne Rand.

Meine erste Frau
rettete mich und verließ
mich bald,
obwohl wir uns
auf einem Zementfahrzeug
immerwährender Ferien
ewige Treue schworen.

Inzwischen ist sie tot,
Asche in einer verschnörkelten Urne
auf dem Friedhof Père-Lachaise.

Immer mehr verrottend
war sie unaufhaltsam zäh,
eine der ersten Tablettenverkäuferinnen
am Bahnhof von Berlin,

aufgestiegen von Mann zu Mann,
über Schuhgrößen und durch Hotels,
bis sie im Dampf einer Wanne starb.
Unter ihren kleinen Brüsten
hing zuletzt an einer Schnur
ein silbernes Zahnbürstchen,
Kopie eines Geschenks,
das sie meiner Tochter
zugedacht hatte.

Aber ich erinnere mich,
als ich meinen Sohn verlassen mußte,
da wollte ich auch sterben
und sprang
nachts durch eine splitternde Glastür.
Auf einem Bärenfell
und in den Armen einer Freundin,
deren mächtige Gestalt
der einer weißen Mohrin glich,
als sollten wir photographiert werden,
fand ich mich wieder.
Seither nehme ich mich
nicht mehr so wichtig.

Doch zunehmend bleibt das Verlangen,
Vater und Übersicht
nicht nur darzustellen,
sondern auch zu meistern,
obgleich ich einen Beruf habe,
der Grausamkeit und Wohlbehagen
in einem beinhaltet.

Soll ich nun endgültig erwachsen werden
oder mich auf die Spreu
des Spotts flüchten?

Wenn du schreibst,
sagt meine Frau,
bei der ich bleiben möchte,
so sehr vermögen wir allmählich
einander zu vertrauen
trotz Ekel, Haß und Anwandlungen
gegenseitiger Vernichtung,
dann bist du, gottlob,
nicht mehr da;
wenn du aber das Äußere
nach innen ordnest,
die Falten der Bettdecke zurechtziehst,
dann, sagt sie
und umarmt mich mitunter,
während ich zu urteilen versuche,
dann ehre ich uns
und die Verlangsamung,
die noch vor uns liegt.

Seither vertraue ich der Zeit
und den Fußstapfen im Sand
um den Erdball,
der immer kleiner wird.
Die Flußpferde,
sie begatten sich noch tonnenschwer;
der Kot der Vögel von den Inseln
düngt noch die Felder;
die Kinder, die Kinder,
sie jagen dahin,

jäh groß gewordene Pinguine,
die ihre Eltern nun
von den Futterplätzen stoßen.

Meine Tochter,
dort geht sie
in einer roten Jacke
aus Stolz und Eskimo,
ihre Liebhaber
sollte ich jetzt schon
töten.

Sie will gleichwertig sein,
schickt mich davon.

Wir haben sie aufgehoben,
Kopf und Glieder
waren getrennt;
das Weinen und das Blut
vereinigten sich dann.

Es wird uns nicht gelingen,
sie wiederzufinden.
Der Pullover übergossen,
später ihr Hut.

Ein kleiner Hund
humpelt vorüber,
diese entsetzliche Pracht,
daß wir immer noch
zu sprechen vermögen,
um zu überleben,
Kämpfer unserer Liebe zu sein

und hinter den Kindern,
die es noch gibt,
herjagend,
so daß wir jedem,
der stehenbleibt,
in sein rundes, fragendes Gesicht
schlagen.

Die Ameisen
haben fünfmal mehr
Glieder bekommen
mit Tröpfchen an jedem Knie;
wenn eines auf uns fällt,
verludern wir
in einem Schwefelball.

Die Fische
können nun sprechen,
fürchterlich mit dem Rücken
zur Wand,
wenn sie auf uns zuschreiten.

Die Hecken und Büsche
bleiben stumm
trotz ihres Wachstums,
während wir
in sie hineinkriechen
auf der Flucht
vor so viel Geschehen.

Die Kinder,
an die wir uns geklammert haben,
sie fliegen davon
und streifen über die Schienen
sibirischer Eisenbahnen,
wo die Kälte sich einzigartig
zu Halden türmt.

Einer meiner Väter,
den ich nicht kannte,
hat seinen Selbstmord geübt
in einer brasilianischen Stadt,
nachdem er gefaßt worden war
und wieder freigelassen wurde.

Er spritzte sich Luft
in die Venen,
eine Tortur,
die er kannte,
als er auf diese Art
zu den verheißungsvollen Klängen
von Harmonikamusik
noch Dienst tat.

Wahrscheinlich war er einsam
und sehnte sich zurück
zu den Fichten und sandigen Gassen
geschulterter Spaten,
die es nicht mehr gibt.

Vielleicht fuhr er manchmal
in einer Kutsche durch das Lagertor
und teilte Gnade aus,
die später wieder
vergessen wurde.

Er wog nur noch wenig.
Wenn er rauchte,
und er zwang sich dazu
Tag und Nacht,
fraß er die Kuppen seiner Finger
unter den Nägeln ab.

Da er nun tot ist
gleich einer Wetterfahne
über dem Gebälk,
habe ich Sehnsucht nach ihm,
als trieben wir auf Schollen.

Seine Witwe wird ihn verteidigen;
sein Sohn wird auswandern
und den Namen ändern;
wir bleiben zurück,
Eselsohren der Geschichte,
die nicht verstanden haben,
zu empfangen.

Wo wir jetzt sind,
dort gehört er dazu,
dieser tote Mörder,
wenn wir uns
wohl zu fühlen trauten,
er bringt Schuld und Verlangen
in ein Gleichgewicht.

Noch streiten sie,
groß- oder kleinquappig,
werfen sich die Verdopplung der Arbeitslosen
und die Begradigung der Natur vor,
in der Kälber gleich wächsernen Eichen
für die Schlachthöfe gediehen,
die Kinder sich aufbäumten
in den Trageschlaufen der Eltern,
und der Stein der Weisen
nur noch von Türken und Griechen
zu Boden gewälzt wurde,
wo er liegenblieb,
ein Rauchwölkchen von sich gebend,
ähnlich den Seufzern eines alten,
erschreckend dicken
und zugeschlagenen Buchs.

Draußen,
vor den glühenden Fenstern,
jagen die Güter- und Fernzüge
durch die schwimmende Nacht,
die Rohrdommeln und Habichte
stärken sich mit gewölbten Flügeln
aus den Abfalleimern der Städte,
Asseln komplizieren ihre Beine,
und junge Männer stopfen sich Lumpen
in den tropfenden Schoß,
zu abweisenden Mädchen blickend,
die ebenfalls entgeistert sind.

Ein Verlust,
der sich zu ändern scheint
trotz der vermischten Paare
hoch oben
in Zedernholz und Achat.

Letzte Mondsicheln der Nahrungskette
in einem Tümpel,
deren Schluß bisher wir waren,
sie tauchen noch einmal auf,
ihre Haare zurechtstreichend
mit einer endgültigen
Verbeugung.

Man sagt,
nicht die Qual des leiblichen Tods
sei groß,
vielmehr die unvergleichlichen Schmerzen
der geheimen Manöver seien es,
um von unserem in den anderen Zustand
zu gelangen.

Bloße Füße
vor den Tüllgardinen,
falls wir zählen;
Streifen der Andacht
im Spektrum auf uns zu,
wenn wir gehen.

Dort badet
eine Krähe im Teich,
hier rollen wir Zigarren
zu Schläuchen;

ein Geysir verschluckt sich
und speit in der Kälte
Reime und Greise,
die wahrsagen wollen,
nebst Handgelenken aus.

Ungefähr gegen drei Uhr morgens,
erzählt ein Vorfahr
in seinem Tagebuch,
hätten die Matrosen
das Deck zu scheuern begonnen,
das Wasser sei direkt
in seinen Mund gelaufen,
wovon er erwachte.
Er habe ohne Rock
und gegen den Tisch gelehnt,
weiterschlafend
die Nacht verbracht.

Mehr gibt er nicht preis
in seinem Bericht
über die Endlosigkeit,
als das Feld
der Stille noch bestand.

Drachen steigen im Herbst
in Form von Rüsseltieren und Satrapen
über den Wiesen der Berge auf,
unter denen die Ziegelsteine
vergangener Städte ruhen,
und aus dem Schilf des Stadions
erklingen die Schreie der Waffen.

Dort gab es kein Wasser;
die Hände von Gitarristen,
die weiterspielten,
wurden abgehackt;
kleine Leiber verstopften die Rinnen;
Haare, die trotzdem wuchsen,
dienten als Lager;
ein höhnischer Sarg
flog in Leuchtschrift
immer wieder
über die genarbte Wand.

Einige wurden entlassen
und mußten Bücher essen
samt deren Inhalt.
Die meisten sahen sich nie mehr,
obgleich das Land gedieh
gedüngt von Haß und Verzicht;
die letzten Strophen blieben liegen
wie die Füße
der durch die Straßen
getriebenen Kinder
in Fugen und Teer.

Wo aber weilte
der Vorfahr
in seinem Versteck?

Da er nicht wissen konnte,
daß auch er
mit uns älter geworden ist,
hält er sich vorrätig
und merkt nur noch an,

82

er habe sich vorgenommen,
nachts seine Hände zu fesseln,
damit er sich
außerhalb des Betts
nicht erkälte,
doch lang
widerstehe er nicht.

Wie gesagt,
hinter dem Ural
werden wir uns wiederfinden,
vereiste Ströme
als Straßen benützend
und sommers
Mückenschwärme begrüßend.
Es mag sein,
daß wir uns dann
nach den alten Fassaden
und Befehlen sehnen,
aber Moose und Gestrüpp
beginnen schon
um die Stiefel zu wuchern,
kindliche Nester
voll ungerader Zahlen, Goldlack
und dem gefürchteten,
doch uns beschützenden
und neue Geheimnisse
beherbergenden Dreck.

Nachts sitzen sie millionenfach
auf den Drähten des Rotlichtviertels
im Abstand ihrer Flügelweiten,
bereit zum Start bei Gefahr.

Morgens, wenn besseres Licht eindringt,
schwirren sie davon, die Wolken der Wolken,
vorbei an den Kämmen der Hochhäuser,
bevor der Dunst sie teilt.

In überschwemmten Feldern
wächst ihre Nahrung, kleine Kampffische,
bei uns bekannt als Züchtungen
für Aquarien, dem Rost der Fenster.

Im Sommer wandern sie nach Sibirien aus,
achttausend Kilometer über den Pol,
unentwegt debattierend
wie Brut und Jagd sich vermehren.

Die Arbeiterklasse
als gefährliche Kraft
der Freude und der Schmerzen,
nur längere Trauer scheint sie zu scheuen.

Wer die Arme sinken läßt,
wird gesagt, benötigt
eine langwierige Grenze
zwischen einst und jetzt,
die auch für uns selber gilt.

Wer borgt von wem?
Vergleichbar sind wenig
ein Dachdecker
mit einem Steuermann,
dort eine Schauspielerin
mit einem Gespinst.

Vielleicht unter einem Erinnerungsbann
kommen wir wieder zusammen,
den es hier noch nicht gibt;
Unterschiede der Gedanken und Gefühle
verzeihen sich dann.

Genugtuung,
daß die Blicke der Kämpfer und Kinder
genügend Vergangenheit mitbringen
für das nächste Paradies.

Sie ist Poetin,
begabt mit einem großen Rumpf
und kurzen Beinen,
den günstigsten Übersetzungsverhältnissen
bergauf.

Sie weiß viel,
verteilt Schichten von Puder
und Glimmerschiefer auf ihrem Gesicht,
um Blicke abzulenken,
verstört noch von einem
beginnenden Doppelkinn,
ich fürchte, auch eines
ihrer Jungfräulichkeitsmanöver.

Ihre Gedichte sind gleich Nesselsucht,
wie der betäubende Satzbau
eines Dickichts von Lippenblütlern,
und manchmal verschwindet sie plötzlich
in einer surrenden Pyramide.

Wenn sie im Bett liegt,
nur wenige Meter
von der nächsten Kreuzung entfernt
und angetan
mit einem langen, gestreiften Gewand,
dann braucht sie Schutz,
zum Beispiel eine Hand,

die sich im Schlaf
vor ihr öffnet und schließt.

Nach zwei- oder dreihundert Jahren
tritt ein Ruck ein,
das Erschrecken.
Das Ährenfeld am Abhang gegenüber
neigt seine Köpfe,
das Vertrauen schwindet,
Fleischklümpchen liegen noch da,
Kirchensteine, Beschwörungen,
und Heu läßt sich auf den Augen
und in anderen Winkeln nieder.

Behindert von einer goldenen Hochzeit
und deren vier, fünf Generationen,
die sich unter Sonnenschirmen
zum letzten Mal versammelt haben,
verläßt das andere Paar seinen Ort,
einen alten Holzstoß,
den Schutt eines Schwimmbads
und begibt sich
in die Nessel- und Aniswälder
des Gartens;
es ist erst nachmittags,
Chow-Chows und Kinder
sind auch unterwegs.

Flucht wäre möglich,
als es noch Schatten
von Falken und Bussarden gab,
aber in den Wiesen
liegen nur Kühe
für Deckungsmöglichkeiten,
also zurück ins Eigentum.

Auf Warnpfiffe reagiert niemand mehr;
ausgelegte Losung
wird im Dschungelgras
von den Hunden gemieden
als sei's totes Papier;
ein Otter wippt auf einem Pfahl;
von Fasanen und Rebhühnern

handeln nur noch Schießscheiben;
abends entbrennen Fackeln
auf einer Freitreppe,
und Stufe um Stufe
trägt eine Frau
Lieder über Gondolieren
ohne Begleitmusik vor.

Lasterhaft die Zerstreuung der Zeit,
die vergebliche Spannung
der Instinkte und Reflexe,
selbst Sokrates Flöhe vertrockneten
zwischen Schatten und Satz.

Das allerälteste Paar
nagt sich durch Mauern,
nimmt Wind auf
in dem eroberten Mausoleum,
labt sich aus Kelchen,
patscht in Zucker
und ißt viel Fleisch,
das nach getrocknetem Aas riecht,
dann beginnt es sein Werk.

Bischöfe erhalten mehr Knopflöcher;
Damen der dreißiger Jahre
verlieren ihr Zigarettenprofil;
Glasuren von Blumensträußen welken;
russische Landschaften widerstreben;
nur ein Mädchen, oft gemalt,
wird ausgelassen
in dem vollgehängten Palazzo
des Erbarmens dieser Tropen.

Als die festliche Verwandtschaft,
da draußen Regen begonnen hat,
in den Bau eindringt,
kehren die Marder
in ihre Bezirke zurück.

Sie verknüpfen die Gänge des Holzstoßes,
den Schutt des Schwimmbads
in die Irre,
legen sich Kralle an Kralle
endgültig zusammen, froh,
daß es für sie
keine Scham mehr gibt.

Diese kleinen, warmen
und seufzenden Elefanten
ruhen bei Regen oder Schnee
in den Armen unserer Kinder,
so hoffen wir,
wenn wir uns verabschieden
von den Klippen hinab
ins Meer.

Lämpchen brannten nächtelang,
Krokodile und Tiger
umringten das Haus
und wurden verdammt,
den feucht gebliebenen Mänteln
entstiegen in langen Reihen
bewährte Angelhaken,
versinkend in Kalendersprüchen.

Jetzt werden sie also allein sein
mit ihrer schmerzhaften Kraft
und dem Schwung nach Einigkeit
durch Schwaden und Gestrüpp
und werden ihrer Geschmeidigkeiten
verlustiggehen, sobald sie sich
wehren wie wir.

Es muß noch gesagt werden,
die kleinen Elefanten
sind eine Erfindung von uns,

eine Art Andacht
bis in die Gischt hinein,
in der wir untergingen
mit dem Geheul der Schleppen.

Dann,
nach viel Zeit,
die wir nicht mehr ermessen,
werden wir gleichgültig
und schaukeln durch
allerlei Formen und Wellen,
als wollten wir uns erheben.

Schadenfroh schauen wir
den Kindern zu,
deren Schmerz nichts mehr gilt.

Drängend auf den Blättern
vor der Torpedostadt,
wo Tag und Nacht
beladene Baufahrzeuge
über die Kreuzungen fahren,
sitzen wir im Bett,
klein, doch heftig
mit schlimmem Atem.

Flugameisen,
die ihre Nadeln verlassen,
stürzen sich abwärts;
Metzger der frühesten Schicht
streben den Trinkstuben zu;
der verheißungsvolle Gaskessel
zwischen den Hallen
stülpt sich höher
gleich dem Dröhnen
von Seifen und schwarzer Rasur.

Zierdolche, Haken und Stöpsel
gehören den Wannen an,
aus denen das Blut rann,
Ströme flossen,
die wir begutachten
immer noch
mit erstickten Köpfen.

Wir schultern in einem Sack
weiße Kiesel,
die Skala eines Radios,
etliche Zweige
und den Duft des Vergehens
abgeschnittener Köpfe.

Wichtig ist,
daß wir hintereinander gehen
in Durst und Steppen,
eine Weile
fließender Vereinigung.

Am Fuß des Gebirgs
wollen wir einen Tümpel finden,
in dem die Geister,
die wir mißachteten,
wieder Platz nahmen.

Das Licht,
das grelle Licht!

Freiwillig sind wir tagelang
ohne Nahrung gelaufen,
knien uns nieder,
die Sehne des Bogens im Arm,
sichtbar wird immer noch
nichts.

Die Ordnung der über die Ebenen
jagenden Büsche zurechtgerückt,
die Abdrücke bloßer Füße
nehmen Maß
bezüglich des Abendsterns
und des Hunds am Himmel.

Wir haben zu wenig gelernt,
es vernichtet uns!

Im Sand,
der noch Schutz gewährt,
begegnen wir Kopffüßlern,
unseren Kindern,
die Gräben ziehen.

Man muß wissen,
alles geschieht zwar schnell,
doch der Dampf vom Boden behindert,
trotzdem, es gibt genügend Hände,
die auf das Brett werfen,
die Riemen festschnallen,
dann fällt das Beil.

Der Schwall von Blut
versiegt in Sägemehl;
der Kopf liegt
mit aufgerissenem Atem,
als höre er noch zu,
zwischen den Beinen.

Besser zu Peinigende
werden in Schlingen aufgehängt,
aber, wenn sie leicht sind,
bricht der Wirbel nicht,
sie zappeln wie noch nie,
möchten sie wieder befreien.

Was sie noch in sich haben,
es sprudelt unter sie.

Manchmal gehen ein paar von uns dorthin,
wo nicht mehr getötet wird,
und fürchten sich.
Wieder hinaustretend

ins Freie der Häuser und Äcker
eilen sie hinweg,
als gebe es keine Gegenwart mehr.

Wenn die Bestimmer und Verwalterinnen
den Bergen und Seen entgegenfahren,
wo sie keine Schatten mehr werfen,
und aus den luftig gewordenen Meilern
keine Asche mehr weht,
dann beginnt unsere Zeit,
die der verlassenen Sandkästen,
der leeren Kreuzungen
und der Blumen im Teer.

Zunächst verehren wir eine Taube
und versuchen Fruchtbarkeit
zur Vermehrung des Volks der Zerstörer,
doch der Vogel entweicht,
Kot prasselt auf den Kopf.

An einem Zaun halten wir
schon wieder inne,
zählen die Abstände der eisernen Blätter,
vergleichen mit unseren Schritten,
die eine Ausdehnung von Giraffen besitzen
oder nur einen Fuß breit sind,
bevor wir auf Weise der Indianer,
die alles sehen, wenn sie vorbeiblicken
und Abgründe überqueren,
uns bücken vor einem Dorn.

In der U-Bahnstation,
während ein Zug eindringt,
vor sich mit einem Orkan,
entfaltet sich eine Zeitung
und schwebt hin und her hinauf,
ein Drache,
der uns hold zu sein scheint.

Auf dem rollenden Teppich
zum Hauptbahnhof
verabschiedet sich ein Türkenjunge,
dessen Eifer uns begleitete,
mit einem Schrei.

Die Wasserspiele der nächsten Zone
meiden wir, ebenso Haare und Strümpfe,
die Rippen und Windeln der Begeisterten
aus der letzten städtischen Nacht,
als noch Klarheit herrschte,
wir umgehen sie.

Weiterwandernd
erreichen wir die Zeile der Automaten,
der Schaufenster und Kirchen;
in letztere kehren wir ein.
Warum?

Vielleicht,
weil wir immer noch Schutz suchen
und dem für einen Sonntag Nachmittag
nur lauen Getöse mißtrauen.

Dort gibt es Heilige,
vorteilhaft riechende Grabmäler,
leichte Segenstinte und stets
eine alte, trippelnde Frau,
die kleine Bilder
in ihrer Hand behaucht.
Allein aus den bunten Papierchen
entwickeln sich
großmächtige Geschenke.

Meine Tochter stürmt hinaus,
benutzt Photoblitze von Japanern
für den nächsten Auftrieb,
überwindet schon Schroffen,
ich komme ihr an der Fassade
des neuen Kaufhofs kaum nach.

Als sie mir die Hand gibt,
um mich durchs Kamin zu zerren,
fängt bereits der Winter an.
Wir bräuchten mehr Kleider,
zwei Pickel und zwei Gletscherbrillen,
die Gegend wird gefährlicher.

Wind tost,
Lawinen rollen rechts und links abwärts,
selbst letzte Leberpflänzchen
sind eingenickt,
kühne Bergdohlen entschwinden.

Oben,
wenn wir uns am Kranz der Steine
festkrallen gleich an einem kahlen Haupt,

sehen wir die Bläue,
die Gipfel und flüstern Namen,
doch wir geben sie nicht preis,
denn ein Abstieg wäre schädlich.

Tropfende Kerzen im Ohr
beiderseits waagerecht,
Jesse Thoor geht
befrackt durch Gassen,
wo es noch Kopfsteinpflaster gab
nebst Uhren,
die er reparierte.

Der Gläubige verzagt und stirbt,
heimgekehrt an Lungenschwäche.
London ist seither zu meiden,
auf beiden Vokalen betont
wie üblich in der Diaspora.

Klaviermusik,
dann Schluß.

Glühwürmchen, die wir kennen,
reagieren nun auf Pfiff,
während die minderen Seiten
der Poesie,
zu vergilben drohen.

Aus Furcht vor Bequemlichkeit
wurden eine Zeitlang
nur Rechtecke beachtet,
als gäbe es Pflanzen, Tiere, auch uns
nur noch unterirdisch
in Form von Brennstoffen,

doch inzwischen sind wir
Väter geworden
und ein bißchen mütterlich,
ein Klang wie Silberdraht,
der sich um die Zähne schlingt.

Ich weiß nicht,
ob auch die Toten
verzeihen?

Scheindel Zipfele,
an deren Hand ich ging.

Technisch möglich,
aber ihre Hand,
die Auferstehung,
sie weiß nicht,
ob sie es kann.

Schöne Menschen,
sagte sie,
waren meine Eltern.

Schmuckstück,
riefen jene,
die Kleider
an Haken hängend,
die Schuhe stellten sie
paarweise darüber
bis zum Anstoß.

Ein wenig sangen sie noch,
bevor sie, einatmend,
zu Trauben wurden.

Man muß noch verstehen,
daß ein Vater,
um Luft zu bekommen,
sein Kind zerriß.

Beim Öffnen der Türen
war die größte Anstrengung
für die Zurückgebliebenen,
die Hilfskräfte,
sich zu erinnern.

Später wurden sie
als Zeugen verbrannt,
starben auch freiwillig.

Gewaltig die Lohe
aus den Gruben,
ihr Anblick
nichtswissensmehr.

Die Schläfen der Macht,
das Geseire,
Schuhe auf einem Haufen,
die Silhouetten des Packs
an verdoppelten Fenstern.

Kenner loben,
sich gegen Bäume lehnend,
die Einseitigkeit der Tugenden.

Wo wir wohnen,
wissen wir,
wie man stirbt,
doch ebenfalls verteilt
blühen noch Primeln
in den Kästen
auf den Balkons.

Diese
von dort sich entfaltende Pracht
dreht sich im Aufwind der Fassaden
als ein Geschenk.

Versenkt in tiefblaue Polster
und verwirrt von Gitarrenmusik
schwebten meine Tochter und ich
über Hügel und grasgrüne Wälder,
zählten Äpfel und Vieh,
ein Freund fuhr uns
in die Heimat zurück,
leise schunkelnd
hinter dem Steuer.

Von Jugendlichen geworfene Bälle
kreuzten sich in der Luft,
ein fliehendes Huhn
schabte frontal und bremste,
das Skelett eines anderen Vogels
aus dem Geschiebelehm
holperte über den Kamm,
unsicher, ob noch vorhanden.

Meine Tochter
huldigte allen
und verabschiedete sie sogleich.

Der Fahrer war inzwischen
aus Furcht oder Langeweile,
Abarten noch nicht
begonnenen Alters,
handlungssüchtig geworden,
wir mußten uns festhalten.

Zuhause begrüßten uns,
wie noch fähig auf dem Land,
die Greisinnen und Rechtschaffenen,
die Christlichen und die,
deren Kopf nun schief
aus einem Karren hing.

Unterlagen mußten gewechselt,
Töpfe geleert werden,
jemand beklagte einen Psalm,
ein Säugling hatte sich wund gerieben,
niemand starb,
das war erst später.

Am nächsten Morgen
hörten wir die Gewänder der Sbirren
mit den Flügelenden der Wolken streiten,
mit Regen und Schnee.

Keinerlei Verdruß,
daß uns die Zeitalter
wieder eingefangen hatten,
doch viel Trauer
und das Verneigen der Veilchenblüten
auf den Wangen der Alten
im Saal an der Wand,
wohin sie gehörten.

Er lärmte über den Sund ein
mit einem Biberschwanz im Nacken,
hatte den Helm auf,
ging schlafen,
ach, das aufblasbare Boot,
in dem wir lagen in Italien!

Mein Sohn,
inzwischen größer als ich,
verzeiht noch nicht.

Vielerlei Dinge,
ihm zu erklären:
Den Ruß der Zündkerzen,
die Zahlen der Tropfen gegen das Visier,
die Wehmut des Gesäß
und, nebenbei,
die Klebrigkeit des Hopfens.

Auf dem Marmortisch
liegt sein Köpfchen
noch einmal an meinem Arm.
Ein Schluck Pistazien
weckt seine Freunde
in den Schlafsäcken,
Merkmale wie einst.

Mein Sohn,
dieselben zwei wilden Wirbel im Haar,
es wird selbstverständlicher,
daß er geht,
Kreide und Vorhänge,
weniger Spuren mehr
im nächsten Bach.

Ein Sturm
von eintausend, zweitausend Spatzen
direkt auf uns zu
aus dem Klumpen im Firmament,
der Sonne.

Niedriger werden Scheitel,
das Gedärm im Bauch senkt sich,
auch Zehen und Zunge geben nach.

Gern hätt ich gesehen
die Städte von unten,
die Blaupausen ihrer Grundrisse,
atmende Bilderrahmen
und daß wir in kurzen Hosen
durch Schachtelhalme gingen.

Die Spatzen,
sie greifen an,
tun sich gütlich
auf dem Dach der Welt,
wo die Toten noch zerhackt,
ihre Knochen zermalmt werden
zum Preis des Himmels, der Geister
und der unablässig rollenden Kiesel
um den Mond.

Lob und Weh am Steg,
die Läufe eines Rehs
treten durch die Krallen
eines Panthers wieder aus,
es bricht die Decke,
lieber Vater, liebe Mutter, liebes Kind.

Sie geht richtig,
kommt aus dem Schwarzwald,
überwand den Zeitsprung,
bleibt im Gehäuse.

Massen betören sie,
das Gestöber der Ziffern,
in Ordnung gebracht von einer
nichteuklidischen Geometrie,
auch sie gehört dazu.

Sie braucht Lymphe,
das miniatürliche Perlen
des Wassers in den Wäldern
der Kapillaren des Tangs,
eine Erinnerung, als stellte sie
ihre digitalen Löffel hoch.

So gerät sie in ein Fünfersystem
der Knöchel und des Gemengsels
morgens auf Bahnsteigen
bei Tau und Lehm
von Jesus nach Osaka.

Die Standhaftigkeit, das Klatschen,
die nicht benützten Ferien
der Bevölkerung holen sie ein,
diese Pausen ißt der Kaiser.

Ein Sandkorn im Binären
wird als Überfluß
zum Wärmetod führen.

Kleine Batterie, sagt sie,
du auch?

Seufzende Symmetrie.

Heerscharen schlagen ans Fenster,
mein Schatz, der Kinder gebar,
liegt im Bett und ängstigt sich.

Es sind Heuschrecken unterwegs
zu Kaminen und Ziegeleien
mit verzehrendem Handwerkszeug.

Elefanten sterben,
ihre Rüssel sind verstopft,
nur Pinguine schreien noch.

Im Eis gibt es noch
Plätze und ein wenig Futter
für Leute mit Gefieder.

Diese Scholle,
nun bricht sie auch, ach im Blau
des ewig kalten Meers!

Wir müssen uns einfetten,
zum Beispiel nicht scheuen
dampfenden Urin.

Drei Ziele gehören zusammen,
das Paddel, der Pelz
und duftendes Muskelspiel.

Vorstellbar,
hinter den Fenstern der Stadt liegend,
daß wir Menschenfleisch äßen,

und es nähert sich Begeisterung
wie es wäre,
ein Stück aus dem Schenkel zu schneiden

des Schätzelchens,
das seiner Beachtung vertrauen kann,
ruhend auf Gewissenspolstern

zur Nacht:
es hat zugestimmt,
die weichen Füße der Regenbögen geben nach.

Wo nachts der Schlüssel im Schloß,
Verliese wachsen ins Zimmer
voll Laub, Korken und dem Schein
feuerspeiender Nägel.

Auf dem Haupt
die verglühenden Schuppen des Drachens,
Ammoniak im Haus, weiße Laken,
tote Eltern gehen als Zwerge
durch die Dielen ein und aus.

Dieser Gesang,
wir werden ihm nicht mehr zuhören
im Bett, die Beine übereinandergeschlagen,
eine Art Weidewirtschaft
auf geringstem Raum.

Dicker, kleiner Opal,
es ist Zeit,
schlafen zu gehen,

eine Spur Zigeunergold
am Schneidezahn, Schmiß
wie heim ins Reich.

Ucellos Pferde inmitten
eines dreiteiligen Gemälds,
ihre mutwilligen Hintern,
der feuchte Glanz ihrer Backen,
ausschlagende Hufe
und Speere darüber,
kein Regen, keine Sonne,
jenseits die Lähmung von Lavahügeln
samt ein paar Fahnenträgern,
Tupfen des Fußvolks.

Auf der Treppe
die neue Hauswartsfrau
unentwegt putzend
an der Seite ihres Schäferhunds,
dessen schwarzer Pelz
bei jedem Gruß vibriert.
Im Hof
angekettete Holzräder und Bänke,
übrig aus dem Garten der Lust.

Kein Wunder,
daß wir fliehen, zum Beispiel
in einen verwaisten Fischteich,
wo sich einst Karpfen aneinanderrieben.

Nicht verlassen liegen wir
in der Frühe,
eine Pagode türmt sich auf,

ein ferner Tempel,
riesig in Ausmaß und Genauigkeit,
darunter ein buntes Gericht,
eine Tafelei mit gebratenen Hühnern,
Turbanen samt zu Köpfenden
während Susanna aus dem Bade steigt,
bedacht mit vorgehaltenen Tüchern.

Eine alte Frau entfernt sich
an Krücken enttäuscht;
zwei Handwerker speicheln
zwischen Kiefern;
durch eine Lupe gesehen
die zu flämischen Fratzen
verbackenen Pfeiler der Terrasse.

Altdorfer war da,
Ucellos Nachbar.
Nie gab es mehr Zuversicht,
Düsternis, Gier,
Gegenwart und Asche
in dem Becher.

Ein brennender,
bald zu löschender Stuhl
mit befremdlich hoher Lehne,
von der sich Wolken erheben,
allein auf einer
bewegungslosen großen Ebene,
die vertraut dünkt bis zum Horizont.

Es kann logisch gewesen sein
oder auf einem vergessenen Platz,
nachdem auch das Militär
sich gegen den Krieg entschied.
Solche Triumphe der Geschichte
kennen wir nicht.

Jerusalem zieht ein,
ein von vielen
vorwärtsgetragener Wald
der Palmwedeln und Fichten;
Kapellen des Grimms.

Wer nicht an den Himmel glaubt,
glaubt nicht an die Hölle,
genießt vielleicht Näpfe eines Tintenfischs,
schwimmend in heißem Fett,
ein Schlemmen herzlicher Gefühle,
und dort, die Gedanken,
eingeschlossen in ihre Schatztruhe,

so wird das lyrische Wohlbefinden
zur Narretei.

Durch den Fluß ohne Kahn
wälzen sich Wassermassen
auf eine Insel zu,
wo ein Paar abgetrennter,
von den Rändern her
angefressener, bloßer Füße stehen
mit einem metallischen Zug
über den Nägeln.

Sie schlägt ohne Hilfe
und benützt unsere Köpfe,
die abwärtspoltern zur Stelle,
wo die Meister stehen.

Nach Haß und Lust
beten wir,
jetzt fange die Straße der Geduld an,
als liefen Motoren.

Ach, die Schenkel
mit der schönen Alkade
der Haare bis zur Geburtsnaht,
ach, das Begehren!

Wenige wissen,
daß es wandernde Pfirsiche gibt,
Kugeln oder Geschosse über die Steppen,
wo der Durst beginnt.

Der Klöppel in der Glocke,
er gibt nach
bis hin zum See.

Fässer voll Sand, Blut,
Kaktusse und Rinnsale wachsen,
ein Schutt oder eine Zivilisation
der Säulenheiligen Alexandrias.

Quer zu uns laufen sie
leidenschaftlich umher,
begatten sich, werden zerstampft
und klettern, nachdem wir
ruhiger geworden sind,
wieder aus den Löchern.

Ihr Gehör ist minimal,
ihre Augen spotten den Segmenten,
trotzdem vermerken sie
jede Drehung der Erde,
bedacht von Sonnengewittern
und den violetten Fahnen
aus dem All.

Sie sind kleiner als wir,
Millionen Jahre älter,
ihre Vererbungsbank verharrt
wie aus Stein,
und wenn einer von ihnen,
aufrecht zu gehen
oder zu fliegen begönne,
verendete er aus Fruchtbarkeit.

Wer wie sie
hätte werden können,
unter der Erde
nur mit Fühlern begabt,
blinden, kleinen Zangen

und dem Stickstoffverlangen
nach Licht!

Wenn wir sie treffen,
verachten oder meiden wir sie,
ein Geräusch,
als gäben Pfeiler nach,
der gierige Unterschied
eines Funkens nach Heimstatt.

Jeher habe ich erhofft,
daß die Altäre
der geschnitzten Jünglinge aus Lindenholz
eine einzige Idee wären
für die Feier
des Dahinwälzens und des Argwohns
in Federbetten.

Am Wasser der Gang von Kranichen
entlang den Ufern,
es ist Sommer,
das Eis schmilzt,
Bootsbauer und Tänzerinnen
geben sich die Hand.
Aus Lautsprechern flattern Wimpel,
Häufchen entrollter Sprachen.

Eine Heroin prüft die Fluten
mit der Zeh,
einer gleicht Einstein,
genauso dahingemäht
als sei die Zeit ein Ballon,
nie zu Ende, wenn das Schiff nun fährt
beleuchtet in die Nacht.

Viele Personen,
die lange Kette hat Anteil
im Getriebe der Mechanik,
ihr Stolz tut sich mutig dar,
während ein Huf
wieder im Schilf versinkt.

Ich möchte gern wissen,
ob im Griechenland,
der Herkunft unserer Gedanken,
für das Beben der Götter
die Sklaven die Prügel genossen?

Kein Schutz für Nieren und Gläser,
gleitende Scheinwerfer
durch die Nebel und manchmal
der Schrei eines Pfaus.

Mein Kind
zieht sein Hemd aus
und hißt es im Wind,

unbeirrt stampfend
durch Verzicht und Wellen

scheinbar ohne Weh.

Es hängt von der Dichte
der Tropfen ab,
den Wirbeln des Taifuns,
als stürzten wir die eigene Gestalt
Theater um Theater.

In den Fischhallen
starren uns Flossen und Kiemen
wie Leuchtstäbe an;
auf dem Marktplatz
dreht sich ein Mann
im Traumland seines Wahns,
daß er alle Öffnungen
verschließen könnte;
in den Ebenen brennen die Stümpfe
der Getreidefelder
bis zu den Bahnlinien.

Da gibt es noch Gewitter,
bevor das Kind
den nächsten Strich
aus dem Kugelschreiber
über sein Fußgelenk wagt,
so es dann endlich auch
schlafen geht.

Welcher Glanz
im Abtritt Gottes!

Jedes Jahr reisen sie südwärts
zum Meer und vereinigen sich dort,
als steckten sie wieder ineinander.

Sie beriechen sich gegenseitig;
es lobt die Tochter ihre Mutter,
die Mutter das Spältchen ihres Kinds.

Später sitzen sie auf dem Gebirg,
schon kaum mehr unterscheidbar
von den Scherben ihres Haars.

Wer vorbeikommt,
legt noch einen Stein dazu
für die Wanderer in die Ewigkeit.

Klagen gelten nicht mehr,
Tröstungen versickern
im Schorf der Knie,

denn noch leben sie
gleich einem Tomatenfeld,
das nicht mehr geerntet wird.

Ein weißes Rauschen
oder riskantes Verströmen
aus dem Orbit
im Winkelmaß
von der Länge einer Zigarette,
also geradezu das Gegenteil
einer Botschaft.

Trotzdem,
es beharrt auf Dauer,
auf sein Auf- und Abschwellen,
behaftet mit genauen Pausen.

Die Methodenlehre anderer Biosphären,
die Gußlinien ferner Masken
oder die Boshaftigkeit
einer fremden Mathematik,
die dadurch neue gebärt?

Ich fürchte,
daß die bestürzenden Stillzeiten
zwischen der Apparatemusik
die eigentlichen Kulturen sind,
die Tafeln des Labyrinths,
als trabten Koka-Indianer
über alte Pfade
oder als gelänge es uns
in einem Streich,
die Erfindung des Reißverschlusses

und seiner Folgen
wieder rückgängig zu machen.

Das Turnen auf Lianen ergötzt,
brennende Sorgfalt
verzeihen wir uns
und auch den Maschinen,
ein Turm, ein Gefäß
gleich einer Zellteilung
sehr nah gesehen
und genügend eingefärbt
für den Betrachter
im Zeitalter verteilter Wärme,
das sich bereits wieder neigt.

Nach dreißig, vierzig Jahren
tauchen wieder
dieselben Gedichte auf,
dieselben Vorbilder
und Verabschiedungen.

Der Gang des Salamanders
entlang den Stäben seiner Haut,
ein nächtlicher Flügelschlag
über dem Mohn,
ein splitterndes Glas
in Cummings Bar.

Araber am Nebentisch,
deren Schule der Geläufigkeit
ich inzwischen wieder lerne,
stoßen in unserer Sprache
auf Putzfrau, Staubsauger
und Elektrizität an,
ein Spiritismus reicher Würde.

Mein Kind spielt im Hof,
wo es sonst nichts mehr gibt,
und verteidigt seine Errungenschaften.

Jeden Sonntagabend gehen wir
in einer Reihe,
wenn die Straßen leer sind,
zur nächsten Eisstation,

bir, iki, üç çocuklar,
eins, zwei, drei türkische Kinder,
die Eroberer
der nächsten Kultur.

Vom höchsten Dach,
bevor er sich fallen läßt,
der sich eine Perücke aufsetzt,
den Sturm der Haare.

Ein Kind wird
von einem anderen photographiert,
als es sich eine Spritze einflößt,
den Zement der Brille der Welt.

Eine alte Frau
steckt ihren Kopf
für immer
in eine Plastiktüte;
ein alter Mann
treibt sich mit Hammerschlägen
einen Zimmermannsnagel
durch den großen Zeh.

Ein bleicher, blonder Jud
schwingt ein langes Messer,
will alles um sich herum
aufschlitzen.

Ich gehe auf ihn zu,
setze das Käppchen schräg,
lasse Knüppel und Pistole fallen
und beginne zu singen,
zu wanken und zu prahlen.

Wir küssen uns
vorsichtig auf den Mund
und wandern
Arm in Arm weiter,
allerdings gelingt es uns,
daß das Messer
nach einem Fußtritt
wieder zurückkehrt
an die Hüfte.